ENCONTROS E DESENCONTROS DE MARIA

Virgínia Dias

ISBN-9788468680620

Cover photo and design by: Virgínia Dias
Library of Congress Control Number: 2018675309
Printed in the United States of America

CONTENTS

Title Page

Copyright

Agradecimento   1

Escrever uma história   2

Obrigada Maria   3

Introdução   6

Maria e Miguel   7

Maria   9

Mudança de residência de Maria   12

Miguel   14

Namoro de Maria e Miguel   17

Idílio de pouca dura   21

Ano e meio, mais coisa menos coisa...   24

1º Reencontro   27

Maria e Miguel de novo juntos   31

Miguel quase bateu com a porta   35

Cada um para seu lado   38

Miguel procura consolo   41

Angústias e lamentos   44

O plano de Maria   47

Regresso 55

Miguel precipita regresso 58

Miguel e Maria querem viver juntos 61

Maria e Miguel na sua linda casinha 65

Enfim sós...ou talvez não! 68

Epílogo 72

AGRADECIMENTO

ESCREVER UMA HISTÓRIA

*não é de todo o mesmo
que contá-la*

Escrever um livro sobre a história de alguém, ainda que apenas representativo de um pequeno período de tempo da sua vida, é um processo enquanto que solitário na parte da escrita per si, o produto final representa parte da biografia desse alguém que com o escritor viveu muitos momentos de verdadeira partilha de alegrias, tristezas ou infortúnios.

Essa partilha inevitavelmente quase que entra história adentro, tornando-se numa experiência única, e a qual merece ser agradecida aos intervenientes que abriram o seu coração de forma impar entregando de mãos abertas os seus testemunhos, a sua intimidade.

OBRIGADA MARIA
OBRIGADA MIGUEL

Neste pequeno romance, baseado numa história
verídica, foram alterados os nomes para
protecção da privacidade dos intervenientes,
e os locais foram alterados ou omitidos.

Para ti Maria,
que esbugalhas os olhos sempre que sou frontal
dizendo-me que não existo.

Para ti Miguel,
que me confiaste os teus segredos como
se fosse tua mãe.

Para nós,
que não acreditamos em coincidências.

Pode guardar-se

um botão de rosa no frigorífico

por alguns dias,

para retardar o seu despontar,

o seu abrir, o seu desfolhar;

mas se não o retirarmos do frio,

murcha sem nunca ter aberto,

sem nunca ver a luz do dia.

INTRODUÇÃO

MARIA E MIGUEL

M aria e Miguel dois jovens que se encontram nesta vida para partilhar uma série de vivências ora afortunadas ora totalmente desastrosas, são demasiadas vezes confrontados com o botão do equilíbrio a operar incorrectamente, e o do bom senso quando se pensa que vai funcionar, emperra, fica preso e deixa de trabalhar.

A sua filosofia de vida é idêntica à da maioria dos jovens portugueses porque a mesma encontra-se circunscrita na sua matriz e não sabem ou não têm coragem para a alterar.

Sara aparece-lhes neste percurso com uma missão para cumprir. A sua filosofia é distinta, sempre o foi. A sua visão permite-lhe ver de longe o que muitos não enxergam ao perto. De feição segura e persistente ensina-lhes que há outras formas de seguir pelo mesmo caminho, ou por vezes parar por completo, voltar atrás e seguir por outro bem diferente.

MARIA

M aria, com seus caracóis louros em forma de canudos longos e sedosos, olhos expressivos e grandes, cor de avelã, teve uma infância plena de exageros.

Nascida numa pequena aldeia deste Portugal pequeno, foi criada em ambiente também ele diminuto.

Quando a pequenez habita ao lado do exagero, o atino num ponto de equilíbrio torna-se difícil e encontros e desencontros tornam-se parte do quotidiano normal destas pessoas, e para Maria é o verdadeiro pão-nosso do seu dia-a-dia.

A pequenez de ideias aqui retratada, descreve-se na filosofia de qualquer pessoa que pensa que a felicidade dos filhos está em dar-lhes todos os bens materiais possíveis porque só assim a sua imagem de bons pais é reconhecida pelos demais familiares e conhecidos; em contrapartida, os filhos terão de "portar-se bem" segundo os velhos critérios de que a uma menina tudo parece mal, a um rapaz ninguém leva a mal.

"Ai valha-me Nossa Senhora, não podes fazer isso, o que é que as pessoas irão dizer"?

Quando Maria nasceu, há quase trinta anos, tudo era ainda bem pior.

Em termos de protecionismo e autoritarismo, a frase "enquanto viveres na minha casa quem manda sou eu" era repetida sempre que alguém tentava pisar o risco em qualquer casa do nosso Portugal à beira-mar plantado.

Nos pequenos meios ou aldeias como no caso da família de Maria, viver segundo os critérios do que os demais poderiam pensar era algo automaticamente incutido de pais para filhos como se fosse uma tradição ancestral. Não era feito por mal, era assim que devia ser, sem perguntas, sem contestações.

Maria foi-se habituando às regras e rapidamente foi aprendendo a via mais fácil de lidar com as limitações que lhe eram impostas.

De forma bem habilidosa, aproveitava a compensação de qualquer objecto caro; ou seja, Maria não podia ir às festas com os amigos porque parecia mal, mas podia extravasar nas compras!

Maria foi compensando assim os desejos de uma adolescente absolutamente normal, em gastos supérfluos e fúteis, que no fundo, eram senão, apenas e só, actos de pura revolta.

Claro que nem tudo passava pelo crivo apertado do controle dos pais, havia muitas situações que Maria conseguia encobrir, disfarçar e passava-as numa completa clandestinidade.

Frequentemente pensava: -Um dia, hei-de fazer tudo o que quero, ninguém há-de mandar em mim.

MUDANÇA DE RESIDÊNCIA DE MARIA

U m dia a família mudou-se para uma pequena vila cosmopolita, à beira-mar, onde as aparências e o novo-riquismo eram ainda mais notórios.

A mentalidade raramente muda, nasce, dura, viaja com a pessoa e perdura, a não ser que uma catástrofe a faça mudar; nesta história interminável não sei se alguma vez mudará.

Maria, foi crescendo naquele ambiente de faz de conta, e como que de repente, tornara-se numa jovem estudante com 20 anos, 1,70m, elegante, de caracóis ainda mais louros pelo sol e ar salgado da sua nova morada.

Seus olhos cor de avelã mais expressivos que nunca, ávidos de curiosidade de viver algo diferente ao ponto de transpor barreiras ou saltá-las literalmente, riam em vez de chorar a raiva de tanta pressão, de tanto controle.

Na verdade, pensou que com a mudança de casa o ambiente mudasse, afinal já não vivia numa aldeia mas sim numa vila repleta de gente diferente e elegante.

Aquela vila à beira-mar que ela tanto adorava, onde gostava tanto de se estorricar ao sol. Aquela vila onde perfeitos desconhecidos vestiam roupinhas de marca, tinham carros de marca com preços de apartamentos, e casas com preços de aviões, mesmo que para tal fosse necessário fugir aos impostos ou dizer que a culpa dos mesmos estarem em atraso era do contabilista...

Era preciso olhar pelas aparências, aliás trabalhava-se para elas, e nesse capítulo não havia dúvida que os pais de Maria se haviam mudado para o local ideal, ou não fora o grande cuidado pelas aparências, das suas mais primárias preocupações.

Maria aparentemente estava mais feliz, havia feito novos amigos e já tinha namorado, mas num ápice, num dos seus actos não pensados ou de total rebeldia, faz uma das maiores asneiras da sua vida... Nem hoje ela sabe porquê!

MIGUEL

M aria saiu das aulas e encontrou-se com os amigos no espaço mais "in", um bar que servia de ponto de encontro aos estudantes da escola que Maria frequentava.

De repente vê alguém estacionar à porta, um Jeep Mercedes que lhe despertou a atenção, e não descansou enquanto não conseguiu o contacto do dono do jeep.

Maria namorava então com um tal jovem que não a acompanhava nos gostos pelo convívio com os amigos, e dava as suas escapadelas não só dos possessivos pais, como também dele, e tanto pela ausência como pela liberdade que sentia então, em nada hesitou em contactar o dito "rapaz do jeep".

As mensagens para o telemóvel do enigmático jovem oriundo de outras paragens, choveram até que fizeram eco e começaram a receber respostas.

O encontro foi descaradamente procurado quando Maria muito extrovertidamente pediu boleia no Jeep que lhe fazia reluzir os seus olhos cor de avelã.

Miguel, apenas um ano mais novo que Maria, moreno e alto, ligeiramente mais alto que Maria, de paragens diferentes e autenticidades em seio familiar de uma filosofia de vida distinta, mais urbana, sentiu-se curioso e nem sabe porquê, imediatamente atraído por Maria.

Miguel, vivia com a sua família dividida em terras diferentes pela localização do trabalho de seu pai, e aos fins-de-semana deslocava-se à vila de Maria, onde a princípio, só a via como alguém que o atraía desde o primeiro instante.

Desconhecia no entanto os traumas que de certa forma a faziam levar a vida de maneira centrada em futilidades. Só bem mais tarde Miguel veio a aperceber-se desta característica encrustada na personalidade de Maria que era bem diferente da sua realidade e do seu carácter.

Maria, rapidamente terminou namoro com o seu insípido namorado e iniciou um relacionamento intenso com Miguel, que entretanto já se encontrava a viver na mesma localidade, por questões de saúde de seu pai.

Não é necessário localizarmo-nos no tempo, as experiências são intemporais por muito que nos digam " no meu tempo não era assim".

NAMORO DE MARIA
E MIGUEL

Miguel e Maria, viveram três meses de louca e intensa paixão.

Tudo era belo naquela vila à beira-mar. Não havia sol em demasia nem mar que inundasse e tingisse o seu amor escarlate.

Mas numa fatídica segunda-feira depois de Maria ter enviado a Miguel uma mensagem por telemóvel dizendo "amo-te", recebeu uma outra pedindo-lhe um tempo, ou bem melhor acabando o namoro para assim reatar com o insípido ex-namorado.

Porquê? Nem ela soube, nem ela sabe ainda hoje.

Miguel, pensou estar a acordar de um pesadelo, de uma noite para uma manhã como se pode mudar de ideia, de sentimentos? Seria um pesadelo ou estaria ele louco?

Afinal, os últimos três meses tinham correspondido a quê mais precisamente? Não encontrava respostas e de repente sentiu-se rejeitado, traído e completamente só.

Como se não bastasse, dois dias depois deste choque, Miguel recebe um dos golpes mais duros que transforma a sua vida de jovem para sempre; seu pai falece e Miguel sente-se totalmente abandonado, perdido.

Procura consolo em Maria que se demonstra fria senão gélida perante a dor profunda de alguém a quem havia estado tão próxima ainda há apenas três dias.

Perplexo, Miguel pensou que o inimaginável estava a acontecer-lhe e a dar-lhe volta à cabeça, como poderia estar preparado para este volte-face literal da vida?

Ao longo dos três meses de relacionamento com Maria, ele havia-se dado conta que aquela atração tinha desenvolvido e evoluído para um amor apaixonado e louco.

Ele já idealizava Maria a mulher com quem partilhava os mesmos gostos, os mesmos desejos, a mulher que o completava, a mulher com quem desejava constituir família, e de repente vê-se sem ela e sem seu pai, chefe da sua família e seu melhor amigo!

Miguel, foi imediatamente obrigado a crescer rapidamente e sem rede. Levantou-se, sacudiu-se e vestiu a pele de seu pai tentando levar pela frente a empresa que o seu progenitor tinha deixado de repente, abruptamente.

Tomou as rédeas de chefe da sua família tentando cuidar da empresa, da sua mãe e de seu irmão mais novo, lutando com afinco para que a memória de seu pai e os seus empreendimentos nunca fossem beliscados, mas Miguel tinha apenas 19 anos, dezanove aninhos, e como se não bastasse a todo este crescimento rápido e repentino, a "sua" Maria casa-se "de véu e grinalda" com o insípido namorado.

Foi um evento de pompa e circunstância de uma menina mimada e rebelde, e inteiramente perante os seus olhos, porque ele, foi vê-la passar na avenida vestida de noiva, linda e radiante como se de felicidade fosse vestida.

Foi vê-la não por masoquismo duro e cruo, mas sim porque queria ver para crer.

Dias antes deste acontecimento ainda houve alguma troca de mensagens por telemóvel, ao que Maria garantiu a Miguel que estava a tomar a decisão correcta porque amava o seu insípido namorado.

Casamento à revelia dos pais de Maria, que achavam - "quem era aquele insípido para lhes roubar assim de repente a sua princesa?!...", mas não obstante, ostensivo quanto baste, porque a sua filha só poderia ter um grande casamento e a ser admirado, reconhecido e falado em tudo que fosse esquina da vila.

IDÍLIO DE POUCA DURA

O hipotético idílio pouco durou, e Maria, bem rapidamente se arrependeu do que fizera, a sua vida tornara-se num inferno, não convivia com os seus amigos, deixara a casa de seus pais autoritários e intransigentes e tinha acrescentado a este rol um marido.

Se a toda esta negação às suas vontades não bastasse, ver Miguel ocasionalmente dava-lhe taquicardia e dores em todo o corpo, cortava-lhe a respiração.

Entretanto, Miguel depois muito tempo perdido, depois de namoriscar uma amiga de Maria, depois de a ver sair de casa para casar, viu passar na rua uma jovem também ela loura, vistosa e desempoeirada, que achou interessante, e um dia decidiu meter conversa.

Afinal, ao ver Maria sair para casar, havia dito a si próprio que tudo tinha acabado, que algo mais havia morrido na sua vida. Mal ele sabia que grandes amores não morrem assim!

Envolveu-se com a jovem loura, a simpática e afável mulher que tinha vindo também ela de outras paragens, e com um relacionamento impecável viveram experiências inesquecíveis de um companheirismo inigualável.

Será que faltava a Miguel alguma coisa neste relacionamento? Será que ele sabia porque quando via Maria o coração lhe parava de bater e as pernas tremiam?

Afinal ele vivia com esta mulher que parecia completar os seus pensamentos, que o acompanhava e estimulava em tudo o que faziam juntos, porque sentia ele a terra tremer quando passava Maria por ele?

ANO E MEIO, MAIS COISA MENOS COISA…

Durou ano e meio, o martírio de Maria... chegou e bastou para se separar do seu insípido marido que se tinha tornado em alguém absolutamente odioso e infiel.

Como se não bastasse, o "traste" teve de ser mais um daqueles aproveitadores de bens materiais que apenas pertenciam a Maria e a seus pais, deixando-a totalmente à deriva e descrente de todos os homens à face da terra.

Mas entre todo o amargo de boca que o insípido lhe proporcionou, e toda a descrença nos homens, seus princípios e profundeza de sentimentos, queria procurar alguém que não havia esquecido mas não sabia como, faltava-lhe a coragem.

Miguel havia riscado Maria do seu livro de contactos, vivia com alguém que o acarinhava e acompanhava em tudo, não hesitou no entanto em encontrar-se com Maria, quando encontrou a oportunidade, porque afinal o amor não se mata

porque nós queremos, ele morre apenas quando tem de morrer.

Maria passou algum um tempo em reclusão, pensando no que tinha feito à sua vida, sentindo-se completamente à deriva.

Entretanto, Miguel soube do que se passara, no bar que frequentemente os seus amigos que eram comuns de Maria se encontravam a beber um copo.

Miguel ouviu que Maria tinha-se separado do marido e estava de novo a viver em casa de seus pais. Miguel nem podia acreditar, e sem sequer pensar muito,

enviou-lhe uma sms sugerindo uma conversa, aquela que deveriam ter tido e não tiveram porque Maria tinha decidido fugir pela porta de trás sem deixar rasto.

1º REENCONTRO

Concordaram encontrar-se para almoçar, e foi como almoçar frente a um confessionário duplo.

Os desabafos soltaram-se em fiada como o cortar abrupto de um colar de pérolas falsas caindo uma a uma num desatinado rol de lamúrias.

Com grande aperto de coração, Maria falou do erro que cometera ao deixar Miguel para casar com aquele homem por pressão, piedade ou a simples incapacidade de dizer "não".

As confissões e lamentos continuaram, as feridas eram muitas e havia que lambê-las perante Miguel.

Maria confidenciou que o traste com quem havia casado lhe fora infiel, alcoólico, a havia tratado com indiferença e havia-lhe traído a confiança em todos os homens do mundo.

Maria estava desesperada, cansada e incrédula. Apenas sabia que se o arrependimento de ter deixado Miguel para fazer o que fez matasse, ela estaria já prostrada no jazigo de família.

Miguel ouviu Maria atentamente durante longas horas, havia-se apercebido da importância daquele desabafo em tom de confissão. A dada altura Miguel confessou-lhe ainda gostar dela, que nunca a havia esquecido, e que apenas vivia com aquela afável jovem porque se tinha acomodado à situação, pensando que jamais poderia voltar a estar com Maria.

Que fazer perante os factos agora confessos? Nenhum dos dois tinha a menor ideia.

Cada um voltou à sua casa, à sua vida rotineira, com um coração mais leve, mas também um coração diferente; um que não conseguiria viver sem o outro, sem a sua outra metade.

Miguel, já não tinha condições de continuar a viver com a sua companheira, sentia-se mal, tinha de dizer-lhe que já não podia continuar a partilhar a vida com ela.

Não foi fácil, a companheira de Miguel não aceitou de bom grado a separação, não a conseguiu compreender.

Não era para menos, afinal como se compreende e aceita a separação de um casal que se dá tão bem, que faz tudo em harmonia, que tanto tem em comum?

Mas a separação deste casal era mesmo inevitável, Miguel sentia-se dividido, porque por um lado não queria magoar a pessoa que o tinha acompanhado e acarinhado, mas por outro o seu coração saltitava ao pensar que a sua Maria poderia voltar a ser a sua mulher, a mãe dos seus filhos.

Decidiu-se, e apesar dos ataques de histerismo da sua companheira, que teimava em não acreditar nem aceitar a situação, Miguel em quinze dias foi viver sozinho.

Maria, essa por seu lado, de novo a viver em casa de seus pais, teria de convencê-los que afinal apesar do disparate mais disparatado que havia feito ao casar-se com aquele insípido, ainda gostava de Miguel o seu antigo namorado, e que voltaria a ter um relacionamento com ele.

Os pais, apesar de gostarem de Miguel, não aceitaram o relacionamento de bom grado, afinal eles tão exigentes e autoritários haviam perdido mão nas lides do controle da vida da filha, e temiam o que poderia advir daquele namoro.

Além do mais sofriam de vergonha por tudo o que lhe havia

acontecido, sem haver um arrefecimento de todo o fogo que repentinamente tinha lavrado no seu lar, sem sequer haver tempo para reflectir no rescaldo, eis que a sua Maria surge de novo, decidida e fresca cantarolando uma nova versão do hino do amor.

Maria e Miguel combinaram um encontro em Coimbra, num Palácio deslumbrante, detentor de contos histórico-trágico-amorosos, a Quinta das Lágrimas, um local digno de uma princesa como Maria sempre se achou.

Foi uma entrega que fazia parecer que o passado não existira e que apenas ali, naquele palácio, começavam a escrever a sua história.

De mãos dadas pelos jardins do palácio onde amores da nossa história fizeram com que aquele local se tivesse tornado tão enigmaticamente conhecido, Maria e Miguel assumiram o seu compromisso e voltaram, felizes, à sua cidade à beira-mar, onde a sua vida já não seria igual.

MARIA E MIGUEL
DE NOVO JUNTOS

M iguel decidiu trabalhar numa das empresas de Maria e seus pais, passando assim a ser um dos seus funcionários.

Esta não foi de todo uma boa decisão apesar da grande boa vontade de Miguel.

Maria havia saído do lado negro da sua vida, sabia que amava Miguel todos os dias da sua vida, mas não sabia demonstrar afecto, a sua atitude era distante, indiferente, fria.

A sua vida à volta do trabalho em comum, fazia com que estivessem muito tempo juntos mas faltava o tempo para verdadeiramente namorar! Onde estava esse tempo? Onde estavam a condições para que isso acontecesse? Onde estava a vontade e o à vontade de Maria?

Miguel tinha um passatempo, tocava guitarra e cantava ao serão, perdendo-se assim na música enquanto Maria nem ligava à sua presença. O quadro dos serões era sempre igual todos os dias, na presença dos pais de Maria que funcionavam como "guardas-mor" da sua princesa.

Como se pode querer tanto e não demonstrar? Medo? Seria medo que Maria tinha de se entregar na totalidade, de mostrar afectos que nunca tinha mostrado? Afinal ela nunca tinha sentido carinho de ninguém, nunca tinha sentido sequer demonstrações do amor dos seus pais por ela. Nas suas palavras pensava, tão simplesmente, que carinho não era nada!

Após o divórcio Maria havia-se já habituado a fazer o que queria, quando queria, sem dar contas a ninguém, quanto mais não fosse para contrariar os pais, então como podia agora satisfazer o gosto pela partilha em que Miguel tanto acreditava?

Miguel em contra partida, gostava de fazer coisas em conjunto, mesmo as mais banais.

Qualquer feito era digno de ser alvo de partilha, e desejava fazê-lo sempre com Maria que não tinha de todo a mesma opinião.

Perante as reclamações de Miguel, Maria muito prontamente respondia: - "é melhor ofereceres-me uma trela"!

Com este raciocínio visualizamos Maria com uma trela Dolce Gabbana, digna de uma princesa a ser alegremente puxada por Miguel, que perante a observação que já era corrente não sabia se havia de rir ou chorar.

De uma coisa ele já estava bem seguro, Maria menosprezava a sua vontade tão grande de estar com ela, e fazia-o até rindo-se dele.

Apesar das tricas e chacota ela pensava não ter dúvidas de que o queria para a vida, a incerteza era no entanto de quando tomaria ela uma atitude mais meiga, mais carinhosa?

Miguel vivia assim uma vida sem perspectivas de uma relação de futuro. Tanto queria Maria, mas tanto a sentia distante.

 Ela no entanto já muito bem ambientada à vida cosmopolita da sua vila, havia feito muitas amizades, e entre esse enorme rol de amigos, Maria trocava sorrisos, beijos e abraços com os amigos com uma facilidade invejável...nada comparável à demonstração de falta de afectos a Miguel.

Os beijos a Miguel, onde estavam? Alguém os havia visto?

As manifestações de afecto com Miguel eram sempre na penumbra, quando ninguém nem mesmo o gato os visse, não fosse ele denunciá-los como na canção, e Miguel foi adaptando-se àquela vida que começava a fazer com que ele se virasse cada vez mais para o silêncio.

Miguel sentia cada vez mais que Maria não o incluía na sua vida, ele era mais um hábito que uma necessidade por amor, ou assim parecia!

Nos fins-de-semana em que Miguel ia visitar a sua mãe e irmão, ao receber todo aquele carinho, aquele calor, alegria e harmonia familiar, sentia mais essa lacuna em Maria e no seu seio familiar, começava então a ter dúvida sobre o seu futuro com ela. Chegou mesmo a não sentir vontade de regressar do fim-de-semana, mas foi aguentando até um dia!

O pai de Maria, muitas vezes provocava Miguel em conversas sem nexo, o que Miguel pacientemente e educadamente suportava. Nem sempre Maria estava do seu lado, dando-lhe apoio ou razão. Frequentemente se instaurava a confusão; não se sabia separar o papel de empregado do namorado, e assim, era inevitável que um dia numa daquelas conversas familiares que mais cheiravam a provocação azeda, o Miguel ia perder a paciência e ia bater com a porta.

MIGUEL QUASE BATEU COM A PORTA

Um dia pouco depois de um ano de namoro, Miguel não resistiu a uma das atitudes menos boas dos pais de Maria e decidiu demitir-se ao que Maria respondeu que se ele não queria continuar a trabalhar na empresa então também seria melhor acabar a relação!

No dia seguinte Maria deu o dito por não dito e pediu perdão a Miguel, dizendo-lhe também que por vezes as pessoas dizem coisas que não sentem debaixo de nervos à flor da pele e acabam por arrepender-se.

Miguel estava renitente, mas Maria insistiu dizendo-lhe que pelo menos não se fosse embora sem um último abraço e beijo.

Miguel acedeu, e o que era para ser o último abraço e beijo foi o início de uma longa noite acompanhada por melodiosa choradeira de Maria que parecia ter-se apercebido que não podia deixar Miguel sair da sua vida.

Exaustos, por volta das 05:30 da manhã decidiram dar mais uma oportunidade, com promessas firmes de Maria que mudaria de atitude.

Miguel ficou, mas tão descrente quanto observador de que Maria não iria cumprir as promessas que lhe tinha feito.

Miguel queria tanto que Maria mudasse, que acreditasse no seu amor, na sua fidelidade, na sua entrega e que ao fazê-lo decidisse partilhar com ele a vida vivendo juntos e eventualmente casando.

Maria por seu lado, ou fugia à conversa, ou fazia um comentário menos bom seguido das suas gargalhadas "nervosó-divertidas" e estridentes.

Maria obviamente carregava em seus ombros o trauma do passado, não conseguia livrar-se dele e apesar de não o demonstrar, sofria por fazer sofrer Miguel, mas não sabia como sair deste emaranhado que a perseguia.

Dois meses, dois meses apenas e só, foi o que Miguel resistiu ao disparo de situações, atitudes e palavras que melhor ficam num esquecimento total, se isso alguma vez se consegue fazer!

Um acidente, um incidente, dão azo a uma discussão, mais uma ou melhor, aquela que talvez fosse de algum proveito.

Discutiram, o Miguel despediu-se uma vez mais e desta vez de comum acordo decidiram terminar a relação.

Seguiram-se duas semanas em que Miguel teve de continuar a trabalhar na empresa, aguardando que Maria encontrasse um substituto, suportando más caras, mensagens desagradáveis e uma pressão incalculável.

Maria em vez de tentar apaziguar, insultava-o e de repente voltava e dizia que o amava, tudo isto através de sms, porque o diálogo directo só existia para o essencial de trabalho.

Foram duas semanas intermináveis, em que cada um para seu lado se sentia perdido sem saber o que fazer.

Na realidade nada fizeram para uma aproximação ser possível, cada um remou para seu lado e Miguel acabou por voltar para casa, por voltar para a sua mãe e seu irmão.

Maria sentiu que havia perdido tudo, que desejava tanto fazer Miguel regressar mas não sabia como.

CADA UM PARA
SEU LADO

Muitas vezes é pela dor que nos levantamos do pesadelo, e bem acordados damos um rumo novo à nossa vida.

Maria assim fez, sem saber como ou por onde começar, com um sofrimento inicial que a torturava e lhe fazia dizer que não conseguia viver assim sem Miguel, o mesmo sofrimento que lhe deu conhecimento do que era necessário alterar se queria que ele voltasse e acreditasse que ela iria finalmente mudar pelo seu amor.

Foram semanas de lágrimas que se desprendiam sem que ela quisesse, de sorrisos amarelos para quem passasse, e de desabafos com algumas amigas que a compreendiam e lhe queriam bem.

Maria tinha de compreender que entre tantos amigos, havia alguns que sabe-se lá porquê, não lhe queriam assim tanto bem, e a pouco e pouco foi abrindo melhor os olhos e ouvidos, abrindo-se em desabafos apenas para quem lhe oferecia um ouvido amigo, um daqueles que depois de ouvir, apoiava ou criticava sem qualquer reserva ou candura.

A opção é sempre nossa, o livre arbítrio é sempre nosso, mas com o apoio de alguém que já passou por experiências diversas com o dobro da nossa idade, que nos vai insistindo que ninguém é igual a ninguém, ninguém deve ser julgado pelos comportamentos dos outros, que nunca se deve ter medo do amanhã pelos erros do passado, que nunca, mas nunca se deve ter medo de se dar ao amor, e muito menos de demonstrá-lo aos sete ventos e sete mares, torna-se talvez menos penoso, ou pelo menos talvez se comece a dar o benefício da dúvida.

Esse apoio, surgiu numa figura de uma mulher madura que poderia ser mãe de Maria, a Sara, alguém recém-chegado àquelas paragens e também à amizade de Maria e Miguel.

Sara, foi apoiando-a diariamente com frases eloquentes sobre a sua experiência de vida já bastante marcada.

Essa mulher de estatura baixa e frágil aportava uma força e garra interior que muitos invejavam. O destino trouxe-a de longe para perto de Maria, e enxugou-lhe lágrimas em troca de gargalhadas, num misto de chorar e rir ao mesmo tempo, enquanto Maria fumava desvairadamente.

Maria conseguia confidenciar a Sara, o que a mais ninguém conseguiria revelar. Sara, começara a ser uma amiga do tipo "mãe" que mais tarde Maria lhe revelaria adoraria ter, que conversava e a acompanhava sem qualquer tipo de tabus, lhe dizia todas as verdades sem dó nem piedade, com carinho e sem hipocrisia de qualquer espécie.

Numa noite de luar, numa planície perdida no tempo, as duas em sintonia com a natureza, agradecendo tal dádiva, mais uma vez enxugaram as lágrimas com gargalhadas estridentes, e aquela noite, por muito que vivam, por muitas experiências interessantes que tenham, aquela noite ficará na sua memória para sempre.

MIGUEL PROCURA CONSOLO

M iguel, esse, por seu lado e à distância, confiava também nessa mulher madura a quem por carinho apelidava de tia, a tia Sara. Ligava-lhe frequentemente para saber notícias da sua Maria.

Mas Miguel já havia feito o seu pequeno disparate, já havia contactado a sua anterior companheira para tomar café, para terem uma conversa franca e porem de lado o mal-entendido que tinha ficado entre eles quando Miguel havia cortado muito abruptamente aquela relação tão prometedora.

Miguel vivia na ilusão que poderia reatar uma amizade com a sua ex-companheira, e que a mesma não fosse comprometedora, e não pensou que mal faria esse primeiro "cafezinho".

No fundo, ele talvez quisesse "limpar-se" do que subitamente tinha feito a uma pessoa que só lhe tinha querido bem. Afinal, nem ele compreendia porque tinha deixado esta mulher determinada, serena e carinhosa, para voltar para a sua Maria que só lhe oferecia instabilidade na vida.

Faltava-lhe uma peça ao puzzle, faltava-lhe a peça essencial, aquela em que se determina o que é fundamental à nossa vida.

Os homens e mulheres que não esquecem um amor, interpretam uma aproximação sempre à sua maneira, no fundo, àquela maneira que lhes vai aquecer a alma, aquela que lhes vai alimentar a esperança, e Miguel,

sabe-se lá porquê, foi abrir a janela que a sua ex-companheira já tentara fechar, foi espevitar o amor que ela ainda sentia por ele.

Quando Miguel se apercebeu que a jovem com quem ele tinha vivido, estava a viver expectativas de quiçá um futuro novamente a dois, e que apesar de ter terminado com a sua Maria, não conseguia conceber voltar a viver com ela, começou a inquietar-se e sem querer magoá-la mais uma vez, tentou pôr os pontos nos is, e ela novamente respondeu com os ataques de histerismo que lhe já eram habituais. Afinal esta moderada e ponderada mulher, afável, simpática e de bom senso, perdia quase todas as estribeiras quando Miguel a deixava inconsolada e sem respostas.

Miguel sentiu-se perdido, queria fugir mas não queria deixá-la mais uma vez magoada, amargurada e cheia de ódio, mas já era tarde, um cafezinho fora o suficiente para fazer explodir um autêntico vulcão.

Por outro lado, Miguel havia voltado às origens, a viver de novo com sua mãe e irmão e tão pouco conseguia emprego na sua terra natal, nada estava a funcionar bem, e da sua cabeça Maria tão pouco saía.

Miguel precisava de estabilidade emocional e não a tinha, para cada lado que se virava encontrava problemas em vez de soluções.

ANGÚSTIAS E LAMENTOS

E nquanto o tempo vai passando, a angústia vai aumentando porque nada se resolve, e assim começa a pôr-se tudo em dúvida.

Não se vê a luz ao fundo do túnel, e ziguezagueando pelos dias e noites, vai-se suportando a dor sem ter noção de quando o carrossel de sofrimento abranda e pára por completo.

Assim acontecia com Maria e Miguel, iam passando os dias em angústia, fazendo cada um por seu lado os seus disparates, agarrando-se a tudo como tábua de salvação.

Tudo servia de desculpa para cada um deles, tudo era válido, tudo estava sempre e apenas do seu lado, ou pelo menos era assim que cada um à sua maneira muito singular pensava.

Tudo era contado quase em estilo de confissão a Sara, que ouvia ora um ora outro, por telemóvel durante tempo interminável, tentando sempre em tom convincente apaziguar ambas as partes mas não sem quando, sempre que necessário oferecer um "puxão de orelhas" ao prevaricador.

Eis que um dia, algo surgiu, uma desculpa (?!), uma oportunidade (?!) brotou de repente na cabecinha loura de Maria que andava tão

inconsolável quão desejosa de obrigar Miguel a ver o que na sua ausência ela tinha mudado, o que através de toda a dor ela tinha enxergado, e que finalmente via com olhos de ver, que Miguel tinha tanta razão em ter partido...e que... e mais que...
Partilhou a ideia com Sara, que desta vez soltou ela a mais estrondosa gargalhada alegando que já tinha ouvido melhores desculpas! Haveria que fazer pretender, da necessidade de Maria viajar para perto de onde se encontrava Miguel, como algo absolutamente necessário, e aproveitando a boa coincidência de Sara ter de se deslocar em trabalho para uma cidade a escassos
quilómetros daquela localidade, porque não apoiar Maria!

O PLANO DE MARIA

sta viagem, foi sem dúvida mais uma das que se declarou
ser, um encontro notável de Maria.

Para complicar, Maria tinha na mesma manhã da viagem,
um evento em que forçosamente teria de apoiar seu pai, e com os
nervos à flor da pele, apareceu nessa manhã num daqueles pro-
gramas de televisão matinais ao lado de seu pai que apesar de ter
ensaiado tão bem com ela tudo o que o entrevistador lhe proporia
relacionado com a sua actividade primária de toda uma vida, o seu
discurso foi rapidamente reduzido ou até suprimido pelo entrevistador que nem pestanejou ao cortar a frase do senhor em pleno
raciocínio, dando aos espectadores atentos aquela vontade de lhe
atirar qualquer coisa ao televisor por interromper algo de bastante
interesse.

Maria, essa, com os seus óculos escuros "Dolce Gabbana", pensando que os óculos lhe disfarçariam o seu ar de preocupação,
apareceu na televisão como que, impávida e serena a lado de seu
pai, quase como que de um guarda-costas se tratasse, como que
nada a demovesse de pensar apenas e só no que nesse próprio dia
ela se proporia fazer para conseguir regressar a Miguel.

Maria apenas conseguiu que seu pai regressasse a casa depois de todo o alvoroço que a televisão em pleno largo conhecido de sua querida terra tinha conseguido perante a população local, para saltar para o seu automóvel e pôr-se a caminho da terra distante onde se encontrava Miguel, enquanto atendia às inúmeras chamadas de amigos congratulando-a por ter "aparecido" na televisão. – Ai amiga estavas linda!

Mas afinal que plano tinha sido posto em prática para que Maria fosse para aquelas paragens sem dar muito nas vistas…afinal, não querem lá ver que Maria tinha de fazer a revisão do seu carro mesmo naquela bela cidade a mais de 400 quilómetros!?...

Com a ajuda de Sara que estava absolutamente "feita" com o plano de Maria, foi tudo levado a cabo para funcionar, até porque sem que Maria soubesse, Sara iniciou a sua acção de persuasão a Miguel para que ele não se negasse ao pedido de encontro de Maria, ao pedido de diálogo de Maria, ao pedido de um frente a frente de Maria, enfim a qualquer pedido de reencontro ou aproximação que Maria lhe fizesse.

Sara, continuava a ser, a amiga confidente, a amiga madura mas de ideias abertas e sem tabus ou complexos; a psicóloga, e de certa forma o árbitro das jogadas mais desastradas de Maria e Miguel.

Ambos se queriam, e ambos se contradiziam, ambos se amavam e ambos se magoavam. Pairava no ar um misto de amor e ódio de cortar a respiração.

E foi neste misto que Maria seguiu viagem para deixar o seu carro a mais de 400kms para fazer a revisão.

Sara tinha uma reunião de trabalho e também ela um encontro muito especial não a muitos quilómetros de distância de onde o carro de Maria teria de "forçosamente" ficar 24horas, juntou-se o útil ao agradável, ou como Sara prefere acreditar que não há coincidências, e assim tudo funcionou, para que, o encontro se desse em local totalmente neutro.

Maria continuava desacreditada de como tudo se iria concretizar, queria tudo a que ela pensava ter direito (Miguel) mas não sabia como esse tudo se iria encaixar.

Estava numa pilha de nervos quando Sara convidou Miguel para jantar num sítio belíssimo à beira-rio, naquela cidade emblemática, mas bem podia tê-lo feito para um centro comercial, um descampado, ou até uma garagem, que ela nem dava pela diferença.

Quando Miguel respondeu positivamente ao convite de Sara, Maria nem podia acreditar, e passou a outra fase, a do que vestir, o que dizer, e neste capítulo as suas unhas de gel estavam à beira de serem fustigadas.

Ultrapassadas estas fases, Maria agora bem arranjada, maquilhada e perfumada entra no carro de Sara e até ao restaurante, prega-se numa choradeira imparável.

Sara, fase após fase não tinha nem um minuto de tréguas, e a sua infindável tarefa de a tentar consolar, já nem sabia que dizer para além de perguntar que desculpa daria ela ao chegar perante Miguel com aqueles olhos inchados.

Seria sem dúvida uma má ideia aparecer com aquele ar tão fragilizado, até porque Maria tem daquelas faces redondinhas de um branco aveludado que quando chora fica cheia de manchas avermelhadas; e não consegue de forma alguma passar despercebida das suas choradeiras.

Sara ainda pensou que o mais provável seria ter que dar algumas voltas extra para que ela acalmasse, mas assim também chegariam atrasadas ao encontro, o que também não seria de todo aconselhável.

Por fim, quase ao chegar à beira-rio, já ambas choravam e riam ao mesmo tempo pelas baboseiras que Sara tentava inventar como a possível desculpa a dar a Miguel sobre a razão de Maria ter estado a chorar.

Quando passavam à fase de chorar e rir, já estava quase tudo controlado e como que se estivesse tudo programado no ponto certo, ao chegarem ao estacionamento Miguel também chegava, mas ele impávido e sereno.

Miguel tem essa capacidade, disfarça muito bem o que o tortura por dentro e Sara já lhe reconhece bem essa faceta.

Cordial e simpático para Sara, enquanto que, evitando Maria a todo o custo de forma que até parecia fingir que ela não estava ali.

Sara tinha de conter o riso porque fazia-a lembrar uma ou outra situação em que ela tinha feito o mesmo, aliás ela era exímia a ignorar alguém com quem apesar de estar quase frente a frente tem razão para ignorar, enquanto cordial e sorridentemente fala com outras pessoas à sua volta. É deveras curioso e até cómico ver alguém fazer exactamente o que nós fazemos em situações semelhantes.

Foi um jantar bem sui generis, houve dois diálogos, um entre Maria e Sara e outro entre Miguel e Sara. A conversa nunca foi a três, e Sara que normalmente nunca tem problemas em inventar "conversa de circunstância", naquela noite já lhe começava a faltar tema, e a doer- lhe o pescoço de tanto se virar de um lado para o outro.

O restaurante à beira-rio, era um dos preferidos de Sara, ela recordava outros jantares em excelente companhia naquele mesmo local, e havia-o escolhido pensando que Maria e Miguel se deixassem levar pelo ambiente circundante, pela paisagem, pela luz, pelo ar cálido de uma noite de Junho, pela música ao vivo, para que a atmosfera se tornasse propícia a encetar a tal conversa que Maria tanto desejava iniciar e Miguel estava tão renitente a ouvir.

O mais provável é que as memórias do jantar tenham ficado em local etéreo e muito, mas muito difuso.

Diversas vezes Sara teve de, quase literalmente, acordar um ou outro do sono aparente perante a conversa com o outro.

Havia que fazer com que o encontro não terminasse ali naquele jantar tão sui generis, afinal eles os dois não haviam trocado nem uma palavra.

Sara convidou Miguel para tomar um copo num bar à beira-mar alegando que o seu amigo lhe havia aconselhado e se encontraria com eles mais tarde, ao que Miguel imediatamente respondeu não estar para ali virado.

Tão seca e abrupta foi a resposta, que até Sara se surpreendeu! Mas como a mesma já há algum tempo tinha aprendido a viver em estado de graça, tinha uma paciência e tolerância que surpreende alguns e por vezes até a ela própria, e perante a mesma não desistiu e insistiu usando a desculpa de que tinha muito gosto que ele conhecesse o tal amigo especial, e acabaram por chegar a um consenso, em vez de irem a um bar iriam tomar uma bebida no hotel onde Maria e Sara se encontravam hospedadas.

Pensando bem, Miguel deve ter-se amedrontado à ideia do que a combinação de um bar à beira-mar e copos poderia causar. Miguel, já que tinha ali chegado queria, sem dúvida e uma vez por todas, que Maria pusesse tudo em pratos limpos e lhe despejasse a tal dita alma nova que ela através de Sara afirmava ter.

Entretanto, no percurso até ao hotel houve de novo a torrente choradeira, mas desta vez, acompanhada de envio de sms insultuosos a Miguel pelo facto de ele não ter querido logo de início ir tomar o dito "copo", e da forma fria como me respondeu.

Maria reage quase sempre assim do tipo: "ai não queres, então vai para o inferno, odeio-te, não te quero ver mais" ... para de repente ter noção do que disse e arrepende-se.

Sara, enquanto conduzia, apetecia-lhe tirar-lhe o telemóvel das mãos e assim acabar com aquela guerra de palavras por sms. Já não sabia mais que fazer ou dizer, só pensava que quando finalmente chegasse ao hotel não só estaria finalmente junto do seu amigo especial e do abraço que tanto desejava, como também teria alguém para ajudar a fazer e amenizar a conversa para que finalmente aqueles dois começassem a dialogar, a falar do que tanto necessitavam.

Chegaram todos ao mesmo tempo, estacionaram e ao saírem dos carros com o pretexto de haver alguém novo para apresentar a conversa parecia começar finalmente a soltar-se e Sara respirou fundo.

Aquele abraço que Sara desejava estava finalmente ali e a passo compassado foram caminhando enquanto que Maria e Miguel o faziam o mais distante possível como se tivessem uma doença contagiosa.

A noite continuava muito agradável, e por isso optaram pelo bar exterior do hotel, esse também à beira-rio, aliás à beira de outro rio.

Seguiu-se algo similar à dança das cadeiras, só que desta vez sendo quatro pessoas e obviamente Sara não hesitou a sentar-se como de costume bem juntinho ao seu amigo, não deu qualquer hipótese a Maria e Miguel senão sentarem-se lado a lado.

A conversa centrando-se na quarta pessoa que se havia juntado ao grupo, que se havia juntado a Sara com aquele abraço, com aquele beijo que a transportava para outra dimensão, tornou-se bem mais fácil, mais fluida.

Já existia uma curiosidade imensa de Miguel e Maria em conhecerem aquele amigo de Sara, aquele que a fazia percorrer quilómetros para se encontrarem, aquele que ocupava o coração da tão acarinhada "Tia Sara"; daí a conversa se ter tornado natural, fácil e agradável, à volta de uma bebida.

Mas as estrelas deste episódio não eram nem Sara nem o seu amigo tão especial; estes haviam então de sair de cena airosamente e fizeram-no muito à maneira de Sara... inesperada e frontal: "- bem estes meninos têm de falar a sós, portanto nós vamos retirar-nos" Tau! Nem quê nem mas, e retiraram-se!

Sara não sabia então, que talvez por ironia do destino, enquanto tentava aproximar Maria e Miguel, esta seria a sua última noite com o seu amigo que pensava haver reencontrado de uma vida passada há cerca de ano e meio, e estava ali apenas cumprindo uma missão e não para seu prazer pessoal. A vida tem mesmo destas coisas que não são facilmente aceites e muito menos compreendidas de imediato; só mais tarde com a devida interiorização e espírito aberto, Sara se deu conta da sua verdadeira função naquela missão que parecia impossível.

Dadas as despedidas Sara adormeceu acordando de manhã de sobressalto. Havia adormecido de pura exaustão, e de repente pensando no que teria acontecido, olhou para o relógio e estranhou Maria não lhe ter dito nada, nem uma sms, nada!

Seria bom sinal? Estaria Miguel com ela nesse preciso momento?

Subtilmente mandou-lhe uma sms ao que Maria respondeu que estava tudo bem e que estava sozinha. Sara foi de imediato ter com ela ao seu quarto, estava desesperadamente curiosa em saber o que se tinha passado.

Maria, estranhamente calma sentou-se no centro da cama a contar que não havia dormido porque tinham falado a noite inteira.

Eram nove e meia da manhã e Miguel havia saído há pouco daquele quarto onde tinham finalmente falado tudo o que estava trancado a sete chaves na caixinha de Pandora, vulgo, cabecinha de Maria que reinava no grande reino dos tabus. Antes Maria preferia não falar, antes preferia pensar e guardar, assim nunca desabafava, nunca deixava Miguel saber a sua verdadeira opinião, o seu verdadeiro sentimento.

Mas nesta noite tudo se soltou, falaram e ouviram-se mutuamente durante a noite inteira e sem nada prometer Miguel partiu.

Sara e Maria iniciaram a viagem de regresso após o pequeno-almoço no hotel que foi no mínimo cómico pelo serviço do funcionário, o que deu oportunidade às duas para aliviar um pouco o estado de espírito.

Para Sara, havia a sensação de missão cumprida, para Maria haviam-se aberto portas que estavam bem cerradas há algum tempo; havia no fundo do túnel, aquela tal luz que ela tanto esperava ver.

REGRESSO

Miguel não hesitou em querer pôr Maria à prova, queria ver para crer. Queria ter a certeza que tudo o que lhe havia dito poria em marcha.

Maria não havia mentido, Maria não o havia enganado, mas a força que ela necessitava para alterar alguns comportamentos, não se adquiriria de um dia para o outro.

Foram dias difíceis de pequenas ou ínfimas conquistas, mas que no entanto, fizeram com que os pais de Maria que a princípio ficaram não só perplexos como renitentes pela aproximação (de novo) dos dois, se fossem apercebendo que nada poderiam fazer e o melhor seria baixar um pouco as armas.

Maria havia que aprender a soltar-se, aprender a demonstrar carinho a Miguel, aprender a desinibir-se, a saber partilhar a sua vida com Miguel, saber lidar com seus pais perante Miguel e vice-versa.

Por sua vez Miguel havia que saber esperar que essas mudanças se dessem e apoiar Maria ao longo do caminho para que conseguisse fazê-lo sem recaídas.

Maria num dos seus golpes de rebeldia começou por combinar

fins-de-semana fora com Miguel, alguns deles convidando a sua amiga Sara para os acompanhar, e foram sem dúvida momentos reveladores da sua vontade de mudar.

Maria parecia outra, nestes fins-de-semana divertidos e soltos.

Comeu sardinhas numa esplanada à beira-mar, cantou Karaoke num bar, e até andou de mota de água abraçada ao seu Miguel; tudo coisas nunca antes possíveis, mas voltar a casa e ao rigor diário, continuava a ser tarefa ainda bastante difícil.

Mas de constantes pequenas batalhas, nasceram novas possibilidades de Maria e Miguel poderem finalmente assumir de novo o seu namoro, namoro esse com regras de jogo diferentes, entre elas a mais importante, talvez viverem juntos.

Miguel que de paciente não tem muito, aproveitou uma oportunidade que lhe surgiu, e desta vez deu ele um golpe de mestre precipitando assim a sua ida para junto de Maria.

MIGUEL PRECIPITA REGRESSO

Miguel que estava então desempregado não hesitou em aceitar uma oferta de trabalho numa empresa de um familiar como comercial da zona onde vivia a sua amada Maria.

Havia no entanto um problema. Onde iria viver entretanto? Não tinha casa e neste intermédio para onde ir e por quanto tempo?

Sara, mais uma vez foi a sua tábua de salvação e ofereceu a sua casa.

Miguel, de bagagem que incluía uma nova guitarra instalou-se em casa de Sara, onde não só havia espaço como também se respirava ar puro e o ambiente era propício às suas cantorias e a sua inspiração para compor.

Aí obteve alento para terminar uma música com letra inspirada em Maria e sua experiencia actual.

Miguel trabalhava desde manhã bem cedo com todo o entusiasmo enquanto aguardava com alguma paciência que Maria se organizasse de forma a poderem finalmente concretizar o sonho de iniciarem uma vida a dois.

Terminava o dia, tocando e cantando como tanto gostava de fazer.

Todos os dias, havia uma evolução, do tipo, dois passos para a frente e logo no dia seguinte três ou quatro para trás.

Sara, apoiando, aconselhando, dando um ouvido amigo para os desabafos um pouco impacientes de Miguel.

Raras vezes Maria conseguia escapar das teias dos pais para poder partilhar um pouco da liberdade que Miguel vivia em casa da Tia Sara, e quando o fazia, não era sem que chovessem críticas.

 - " O que é que as pessoas vão dizer"!!!!

MIGUEL E MARIA QUEREM VIVER JUNTOS

M aria sentia-se desesperada vezes sem conta, e não sabia como conseguir manter Miguel na expectativa de que viverem juntos seria um facto a consumar muito em breve e ao mesmo tempo não perder a paciência com as atitudes descabidas dos pais.

Essas atitudes descabidas para os demais mortais, correspondem apenas a uma postura de pessoas de meia-idade, normalmente de meios pequenos, que apesar da sua bondade e amor pelos filhos, não sabem gerir as ideias ou até os sentimentos de forma desprendida, pragmática e adequada aos dias actuais.

Os pais de Maria não eram e não são os únicos. Fazem parte de um estereótipo de pessoas da sociedade portuguesa e há que saber entender a sua linguagem, os seus propósitos, as suas razões de ser assim. Pela necessidade de boa convivência de todos, há que saber lidar com a

sua tão particular maneira de pensar e agir, mas a tarefa não é nada fácil.

Maria sentia-se sempre mais à vontade fazendo uma primeira sondagem à mãe, que depois de lhe dar uma autentica "descasca" falava com o pai e

seguro e sabido no dia seguinte um novo episódio da novela era encenado.

Maria e Miguel, numa daquelas viagens relâmpago que não eram mais que uma mais que legitima fugida para namorar longe de todos que poderiam estar à espreita, resolveram ficar noivos de anel e tudo!

Maria que usava sempre anéis diferentes passou a usar só aquele enorme anel que não só dava nas vistas por ser grande como também tinha bem explícito, a palavra amor em vários idiomas... e por isso dificilmente passava despercebido. Aos olhos da mãe de Maria claro que não passou!

Havendo a preocupação quase constante do que o que os "outros irão dizer", à ideia de Maria ir viver com Miguel, era motivo de desavenças quase diárias entre a família de Maria, ainda para mais porque a mesma teve a ideia brilhante de sugerir à mãe ir viver para a antiga casa de aldeia da família que estava há longos anos desabitada.

Apesar de não haver consenso familiar decidiram recuperar a pequena casa de infância de Maria, mesmo contra as opiniões e divergências de seus pais, e trabalharam com afinco arranjando aquele que seria o seu primeiro doce lar.

Com a casinha pronta e prestes a mudar, no meio de avanços e recuos, mais braço de ferro menos braço de ferro, mais discussão menos discussão, deu-se um volte face (mais um) totalmente imprevisto e começaram novas obras, desta vez na casa onde Maria havia vivido com o seu ex-marido. Foi uma decisão tão rápida, de uma viragem tão repentina que nem deu para perceber a razão da mesma, e quem teria ganho aquela batalha.

Será que importaria a casa onde iriam viver? Seria isso importante nesta fase?

Quando se altera uma tomada de decisão tão de repente, não se pensa, não se reflete, e apenas o futuro diz mais tarde se valeu a pena ou não.

Maria vai sendo exímia em revira voltas repentinas à sua vida, por vezes parece que funciona como um catavento, outras, como o próprio vento, em que, ou vai sozinho ou arrasta tudo à sua volta. Por esta mestria tão encrustada, Maria sem saber nem como nem porquê, acaba por dar aso a tantos encontros como desencontros.

E sem pensar muito ou nada, mãos à obra que já é tarde, pensaram eles, transformaram uma casa vazia e sombria, numa casa onde Maria se sentia bem ao lado de Miguel, mas numa casa onde estivera a viver com o seu insípido ex-marido!

Haveria ali más memórias? Sentir-se-ia Miguel como em sua casa? Brincar às casinhas, na mesma casa, com pessoas diferentes tem muito que se lhe diga e por vezes no meio da precipitação de quererem estar juntos poderá cometer-se alguns erros... ou talvez esses nem tenham grande importância.

Sara, frequentemente os advertiu para esse perigo, mas do mal o menos, queriam estar juntos e aquela era a escolha que os pais preferiam, além do mais, por causa dos negócios dos pais de Maria, ela pouco tempo passaria em casa, o que por sua vez faria com que Miguel também o fizesse.

MARIA E MIGUEL NA SUA LINDA CASINHA

D adas as remodelações, Miguel fez as malas e de guitarra em punho partiu de casa de Sara para casa de Maria, aquela que seria o seu primeiro lar com ela.

Nestas alturas, fica-se nas nuvens, pensa-se que a vida é e será uma maravilha e que tudo se torna fácil, mas não é!

Tem-se, a bem dizer, a companhia que tanto se desejava ter, dorme-se bastante bem aconchegado por aquele abraço que tanto se espera ter todas as noites, e o resto? Como se aprende todo o resto?

Afinal, viver juntos, é parte de um exercício em aperfeiçoamento contínuo que tem que ser feito por ambas as partes, porque se quer que resulte.

Não há manual de instruções que resolva, não há livros de autoajuda que possam utilizar para seguir passo a passo assim como um manual de instruções de montagem de um móvel do Ikea, até porque mesmo no caso deste último que está quase sempre simplificado, são diversas as vezes que há que desmanchar tudo e voltar a montar porque se esqueceu de um ínfimo pormenor, de um pequeno parafuso ou porca ou ilharga.

Além do mais, utilizando ainda a metáfora da montagem de móveis, quantas vezes gostamos imenso de um, queremos mesmo a todo o custo tê-lo, fazemos tudo por tudo para o possuir mas não temos o menor jeito nem dotes para a bricolagem.

Miguel e Maria encetaram a sua vida a dois.

Ele, trabalhando como comercial que o levava a percorrer quilómetros e no regresso dando sempre uma "mãozinha" nos negócios dos sogros.

Ela, como se trabalhar para os pais não bastasse, resolveu voltar a estudar, matriculou-se na universidade a 80 quilómetros e cheia de força e

vontade, pensou que conseguiria com seus grandes braços abranger tudo.

Uma casa renovada, remodelada, acolhedora, um lar, uma vida nova a dois, que mais poderiam querer?

Pareciam ter por fim os ingredientes necessários para a vida que há muito desejavam.

Mas será que os problemas que sempre tiveram desapareciam só porque estavam finalmente a viver juntos?

Miguel tinha grandes planos para aquela casa, os quais passavam por fazer os seus petiscos e convidar os amigos para o convívio.

Maria, acenava que sim, enquanto que, praticamente utilizava a casa só para dormir.

ENFIM SÓS…OU TALVEZ NÃO!

T inha sido difícil chegar onde chegaram, e apesar das dificuldades de adaptação, estavam finalmente a viver juntos.

Era necessário continuar a tornear os hábitos de cada um para que pudessem viver em harmonia.

O importante, era solidificar a sua união tão movida pelo amor apaixonado que nutriam um pelo outro e que havia sido tantas vezes reprimido por erros sucessivos.

Maria era intempestiva, e por isso os encontros agradáveis rapidamente podiam passar a desencontros tristes e inconsoláveis.

Agora que havia reconstruido a sua vida com Miguel havia que reaprender tudo de novo, ou pelo menos era essa a sua boa intenção.

Por outro lado, Miguel queria que ela lhe desse provas que tinha realmente mudado por ele, para ele e pelos dois.

Durante esta nova fase da vida em que é necessário algum tempo para os vários tipos de ajustamento e adaptação, qualquer casal prudente, pondera antes de fazer alterações drásticas à sua vida, mas com esta Maria na vida essa intenção é difícil de manter e ainda mais difícil de cumprir.

Num abrir e fechar de olhos, Maria ficou grávida e voltou a ter que ir viver para casa dos pais.

O quê? Como? Porquê?

Primeiro, engravidou porque pensava que já era tempo, o que por sinal até poderia ser, porque reuniam as condições ideais para que isso acontecesse. Tipo: um casal que se ama, vive junto, tem casa, tem condições financeiras, está na idade mais que ideal de procriação. Fantástico, condições conferem bora nessa!

Havia a questão da falta de tempo da futura mamã porque havia regressado aos estudos, havia também a ligeiríssima questão das turras constantes do casal porque ainda não tinham tido o tempo suficiente para se adaptarem a toda a sua nova vida em comum e em conjunto com os pais de Maria. Não havia qualquer tipo de vida em casa porque só servia para dormir. A cozinha continuava impecável porque não era utilizada.

Mas Maria havia decidido e quando Maria decidia não havia mais nada a fazer senão concordar.

Um bebé estava a caminho e com todo o entusiasmo fizeram as alterações ao quarto de visitas para o receber e acomodar.

Com praticamente tudo preparado, eis um pequeno pormenor que havia escapado a Maria e viria alterar de novo a sua vida.

Quando se mudaram para aquela casa Maria não a retirou da imobiliária que a tinha à venda já há alguns anos.

Na verdade, a sua intenção era construir uma enorme casa de raiz, num dos terrenos de seu pai, para a qual já tinha o projecto feito, mas para o qual ainda faltava alguma elasticidade financeira.

Miguel tinha conhecimento do projecto mas não se revia no mesmo e tão pouco se sentia à vontade porque era mais um projecto apenas de Maria e não dos dois.

No meio de tanta reviravolta é evidente que toda esta questão ficou totalmente no esquecimento, até que um dia...

Apareceu comprador com pressa em efectuar escritura e mudança, e Maria não pensou duas vezes nem hesitou em vender a casa quase de imediato como se tratasse ou de um negócio milion ário ou do qual dependesse a sua felicidade.

Mudou-se de novo para casa de seus pais, desta feita já com Miguel como seu assumido companheiro e pai de seu filho que vinha a caminho.

A mãe de Maria foi sem dúvida a pessoa mais feliz naquele momento, tudo o que ela queria era aquele "dois em um": ter a sua Maria de novo em casa e poder cuidar dos seus netos também em sua casa.

Miguel entretanto não tendo muito a opção de escolha estava tão feliz porque iria ser pai em breve nem estava a ver muito bem o que se passaria a seguir, e de facto isso nem interessaria muito nesse momento.

Maria teve uma gravidez normal e planeou o dia do nascimento da criança porque não convinha muito que nascesse no dia em que estava previsto, o dia de Natal.

Combinada a data e o melhor hospital privado do país, Maria fez um parto de cesariana rodeada dos melhores cuidados e condições.

Mãe babada de um menino lindo, dias depois do nascimento, quando por brincadeira lhe perguntavam se queria ter outro filho, resmungava que não, alegando que as dores haviam sido terríveis.

Miguel, que não tinha tido problemas de dores, apenas sorria olhando-o embevecido, enquanto não cabia em si de alegria ao ver o seu filho e perguntava a todos se não o achavam lindo e perfeitinho.

EPÍLOGO

Maria havia demonstrado ao longo da vida a sua fraca capacidade para fazer caminho com ponderação, e em consequência os encontros e desencontros quase to tipo "pára-arranca" eram constantes no seu quotidiano.

Miguel mais prudente, pensava, analisava e tentava a todo o custo que a sua reflexão e sensatez servisse de catalisador nas acções menos reflectidas de Maria, mas nem sempre conseguia um bom resultado. A teimosia de Maria e a sua intempestividade muitas das vezes eram difíceis de combater e até evitar.

Como em nenhuma relação, seja ela de que tipo for, não há nem manual de instruções a seguir nem fórmula mágica de a gerir, nesta não haverá certamente excepção à regra, e ela acaba por fluir de forma natural que o destino lhes propõe. Se ao longo do caminho vão aprendendo com os erros só eles o poderão confirmar mais tarde. A perspectiva, no, e do tempo tem destas coisas; deixar ver melhor e assim perceber o que queremos e para quê.

Sara havia-se entretanto afastado das lides de Maria e Miguel, não por falta de afecto ou estima, mas sim porque a sua vida profissional o não permitia. Sem qualquer tipo de desprendimento mas sim por questões relativas a falta de tempo e uma reviravolta que a sua própria vida havia dado, ou quiçá como o término de uma missão que havia sido cumprida.

A vida é fértil em novos ciclos, e como na primeira vez que se leva os filhos para a escola num novo ciclo, assim Sara deixou Maria e Miguel à porta de uma nova escola: a escola da vida de casal com um filho.

Muito há-de ser aprendido nesta escola, queiram eles ser bons alunos!

Ao longo da aprendizagem também muito há-de ser saboreado como algo delicioso e inigualável, mas também muito há-de ter sabor amargo, banal e vão, pois a vida é mesmo assim.

Conseguir o equilíbrio, é um feito de mestre e

sê-lo não é para certamente para todos e muito menos se consegue de um dia para o outro.

Gerir bem o coração em sintonia com a razão é tarefa de muitas vidas e Maria e Miguel estavam ainda nem a meio desta.

Nesta fase, que olhando para trás, até parecerá ter sido bastante curta, a verdade é que a luta constante para uma vida a dois com um entendimento aprazível e feliz, correspondeu ao percorrer uma longa e fastidiosa estrada até ao nascimento do seu filho. Havia sido como que o equivalente a um caminho cansativo, numa estrada secundária, esburacada e empoeirada, numa viagem cheia de solavancos.

Agora em que 1 + 1 tinha ficado = a 3, a obrigação de seguir pela autoestrada da vida em velocidade de cruzeiro para melhor controlar os imprevistos, é sem dúvida uma obrigação mais que redobrada.

Por mais encontros e desencontros que Maria e Miguel repetidamente proporcionem um a outro, algo terão de aperfeiçoar, porque seguramente já aprenderam que afinal o amor não se mata porque queremos, ele morre apenas quando tem de morrer!

Maria e Miguel tiveram um sonho que quase despedaçaram com as suas atitudes impensadas, intempestivas e demasiadas vezes precipitadas.

O seu sonho está em curso, agora é sua obrigação fazer dele o melhor de sempre.

www.ingramcontent.com/pod-product-compliance
Lightning Source LLC
Chambersburg PA
CBHW061255140726

47998CB00006B/2231